떨어지는 달

미루나무숲에서 시인선 02
떨어지는 달

초판 1쇄 펴낸날 2024년 6월 17일

지은이　　| 김병찬
발행인　　| 한향희
발행처　　| 도서출판 빨강머리앤
출판등록　| 제25100-2005-28호
주소　　　| 대구광역시 달서구 문화회관길 165, 대구출판산업지원센터 411호
전화　　　| (053) 257-6754
팩스　　　| (053) 257-6754
이메일　　| sjsj6754@naver.com
디자인　　| 한향희

ⓒ 김병찬, 2024

*이 책은 저작권법에 따라 보호받는 저작물이므로 무단복제를 금합니다.
*이 책 내용의 전부 또는 일부를 이용하려면 반드시 저작권자와
　빨강머리 앤의 서면 동의를 받아야 합니다.

떨어지는 달

김병찬 민조시집

시인의 말

시인의 자리

 그 혜문정 별관 마당에 들어서면 밤에도 낮에도 눈에 익게 들어오는 낮달과 밤해는 늘 그대로다. 다만 지나가는 구름에 의해 잠시 감춰지듯 보여지지 않을 뿐 그들은 상존常存해 있다. 혜문정慧文庭은 지혜로움을 따르고자 하는 스승이 개척한 교육 공간이다. 언젠가부터 혜문정을 드나드는 문하생들이 하나둘 시인이 되어가는 모습을 지켜보며 나도 세상에 보탬이 될만한 지혜로운 시인이 되어보고 싶다는 꿈을 꾼다. 혜문정의 또 다른 꿈이 담긴 청도 동곡의 집이 혜문정 별관이다. 이곳에 살면 늘 자연을 닮고 싶어진다.

어머니가 내 오른쪽 어깨에 항상 앉아 계시듯이. 그러하듯 세상에는 늘 있어야 할 것이 자연이고, 또한 먼저 있었던 것이 자연이다. 그 후에 사람이 있고 고향이 있고 하여 내가 있음을 받아들인다.

"쟈는, 선상질하면 잘 할낀데….″

아직도 귀에 박힌 어머님 말씀이 기억되는 것은 선생님이 되지 못한 부족함을 달래주려는 듯 천상의 소리처럼 귓전을 맴도는 요즘이다.

살다가 이리저리 피하고 쫓기고 대들다가 어느 순간 문학에 정착했다. 문학을 통해 읽기, 쓰기, 말하기, 듣기가 순화되었을 무렵에서야 한숨을 내려놓는다.

세상에 독소는 널려 있다. 그러나 역시 해독제도 있다. 글쓰기라는 해독제를 마시며 청정한 시인의 이름으로 살아가고 싶다.

2022년, 첫시조집을 냈지만 시인이라는 말이 아직도 낯설다. 이번에 첫민조시집을 엮으면서 비로소 시인의 중후한 자리를 깨닫는다. 내 고향 청도의 삶을 기록해가다 엮은 이 민조시집이 나를 준엄한 시인의 자리로 이끌어 주었다.

미루나무숲에서문학극회를 이끌며 민조시의 세계를 열어주신 스승의 손길에 감사드린다. 문학극회의 채송화동인과 여러 도반들의 격려에 고마움을 전한다.

2024년 3월, 청도 동곡 혜문정별관慧文庭別館에서

현민玄玟 김병찬

차례

시인의 말

제1부_ 자연같은

겨울 들판	16
한파	17
착각	18
바람	19
폭언	20
베어진 나무 대신	21
동백	22
봄새벽	23
개나리	24
진달래	25
연달래	26
초봄	27
봄비	28

하화夏花	29
채송화	30
변신	31
장마	32
장화	33
수박	34
거미의 방황	35
거미집	36
매미	37
능소화	38
야고	39
달성습지의 고라니	40
습지	41
우중화음	42
이변	43
봄 산	44
구름 속 인생	45
빈 배	46
코스모스	47
사과	48
소나무	49
행복	50

가을에 오라 51
강 건너 너에게 52

제2부_ 고향같은

청도시장 56
난전亂廛 57
동곡천에서 58
독방 59
컴퓨터 60
시계 61
달력 62
빈곤 63
잠들면 64
파노라마 65
기상 66
도시 67
정읍에서 68
태산선비 69

제3부_ 사람같은

문안 인사	72
가교架橋	73
고독	74
이별 후 세월	75
가면	76
인과 연	77
재회	78
이별	79
사람	80
투명 인간	81
너	82
흰 눈	83
이별 뒤 1	84
이별 뒤 2	85
기차	86
못된 만남	87
만남의 징후	88
불	89
너의 의미	90
대합실	91

기쁨	92
변심	93
첫눈	94
절교	95
눈물	96
첫사랑	97

제4부_ 동곡의 달

야밤	100
달	101
얼굴 달	102
가는 달	103
새벽빛	104
미소	105
중독	106
달밤	107
반달	108
구애求愛	109
귀뚜라미	110
달 품은 홍시	111

달빛 이별	112
잔상	113
망각	114
달따라	115
부끄러움	116
야반동행	117
별밤	118
별	119
밤의 찬가	120
눈빛	121
초저녁별	122
밤새	123
고혹蠱惑	124
석양	125
기다림	126
노을	127
잔혹한 계절	128
관심	129
절정	130

해설_ 고향 달, 소망의 시선詩選 | 김둘

정 의
달은 유난
히 아름다운
가, 시인의 시
에 는 ' 달 " 의
등장이 잦다.
세계는 여러 모습
으로 달과 관계
맺는다. 화자가
밤중에 개울에 나가
발 담그고 내려다본 물
위에 비친 달을 손으로
건드려보며 부수어지지
않는 달의 신비로움을 나타
낸 시다. 고향의 자연을 사랑하는
화자의 산책길은 애정이 가득하다. 야밤 산책길에서 개울
물을 손으로 쳐보는 행위를 하며 동심에 젖어든다.
'떨어지는 달'이라는 부분은 역동적인 느낌을 주며
밤의 자연이 추제 적으로 화자를 감싸 안는
따 뜻 함 이 느 껴 진 다.

제 1 부

자 연 같 은

겨울 들판

언 땅에,
부질없는
빈 마음 꽂아
봄을 피우련다.

한파

찬 날씨

웅크려도

시린 손발은

오그라든다네.

착각

겨울비,

장미에게

안부 묻는다,

아직 붉은 마음.

바람

드새던

겨울바람

계절 잊고서

입동 앞에 선다.

폭언

차디찬

눈썰미에

얼어붙는 입

서러움 밀리네.

베어진 나무 대신

몇 그루

심어야지

텅 빈 가슴이

가득할 만큼씩.

동백

짙푸른

그리움은

살아갈수록

선홍빛 꽃물결.

봄새벽

외로움

품에 안고

밤새 노닐던

홍매 가지 물빛.

개나리

껍질 깬

고운 자태

봄빛이어라

가장 먼저 본 꽃.

진달래

슬며시

다가오는

아지랑이길

봄날의 전령사.

연달래

연홍색

염문같은

숲속 사이 길

사랑의 즐거움.

초봄

늦은건
아니겠지?
기다린 만큼
포옥 안아줄게.

봄비

소리에

귀를 쫓아

목젖 가까이

마중 나온 심장.

하화 夏花

손끝에

끌려오는

나비 날갯짓

한여름 백일홍.

채송화

뜰 안에

해맑게도

한자리 모여

마주 웃고 있네.

변신

따신 날

늦장미가

겨울이 와도

만개해 있구나.

장마

한恨처럼

짓궂어라,

계절 바뀌면

으레히 오는 것.

장화

목이 긴

쌍둥이는

비가 오기를

하늘 쳐다보네.

수박

달콤함

쪼개야만

참맛을 안다,

아무도 모를 속.

거미의 방황

기어서

가봤더니

낯선 향기의

해우소 앞이네.

거미집

천리길

걷다 보면

만들어지지

일용할 양식처.

매미

여름날

어린아이

귀여운 소리

물가에 젖는다.

능소화

주홍빛

담장 위를

넘나들면서

상사를 이루네.

야고

빌붙어
사는 것이
아니랍니다,
함께하는 거죠.

달성습지의 고라니

풀속을

뛰어다닌

까만 눈동자

잊혀지질 않네.

습지

대지에

역동하는

숨골이어라,

물과 풀의 조화.

우중화음

도시에

비가 내려

젖은 거리 속

발자국 소리들.

이변

한밤에

내리는 비

굳은 심지는

눈물 속에 묻고.

봄 산

구름은

높디높고

물길은 깊어

산중은 도피처.

구름 속 인생

포근한

구름 속에

헤매다 보니

요람 같은 무덤.

빈 배

강물에

실려 가는

저 마음이여,

어찌 돌아올꼬.

코스모스

기찻길
한 켠에서
반겨주는 너,
미소 짓는 철마.

사과

깎아 논

한 덩어리

깨물어 보면

입안이 달아져.

소나무

곧거나

굽었거나

하늘빛 담아

뻗어가는 내음.

행복

산새는

가지 위에

작은 집 짓고

노래를 부른다.

가을에 오라

풀벌레

소리 높은

노을 진 강가

그 깊은 속으로.

강 건너 너에게

어여쁜

꽃잎 따다

강물에 띄워

밟고 오라 하리.

청
 도 의
  달은 유난
   히 아름다운
    가. 시인의 시
     에 는 "달" 의
      등장이 잦다.
      새재는 여러 모습
      으로 달과 관계
      맺는다.   화자가
      밤중에 개울에 나가
     밤 낚그고 내려다본 물
    위에 비친 달을 손으로
   건드려보아 부수어지지
  않는 달의 신비로움을 나타
 낸 시다. 고향의 자연을 사랑하는
화자의 산책길은 애정이 가득하다. 야밤 산책길에서 개울
 물을 손으로 쳐보는 행위를 하며 동심에 잦어본다.
  "떨어지는 달"이라는 부분은 역동적인 느낌을 주며
   밤의 자연이 주체 적으로 화자를 감싸 안는
      따 뜻 함 이   느 껴 진 다.

제 2 부

고
향
같
은

청도시장

어릴 적
엄마 손에
붙잡혀 가던
시장은 공부방.

난전亂廛

허리춤

전대 걸고

손 움큼에는

동전 가득 담지.

동곡천에서

실바람

불어오는

봄개천 아래

비단 같은 물결.

독방

모두가

잠든 밤에

슬픈 인형은

쓸쓸히 웃는다.

컴퓨터

고독에

빠진 녀석

기다리다가

말문을 닫았네.

시계

아무도

없는 방에

따로 웃지요

늘 그러하듯이.

달력

한 달을

보냈는데

열한 무더기

남겨놓은 선물.

빈곤

어디든

찬밥 신세

어쩌겠는가

사는 게 그런걸.

잠들면

바라본

모든 것이

꿈속이어라,

견디어 내는 삶.

파노라마

하루가

천년 같아

참아보지만

늘상 아픈 세월.

기상

향긋한

비누 냄새

아침을 열면

식구들의 외침.

도시

눈 비벼

일어나서

하늘 보려니

치솟은 건물만.

정읍에서

비처럼

안개처럼

도도하더라

무성서원 홍살.

태산선비

사료관

찾아가니

우산 받쳐서

반겨 맞아주네.

정
도 의
달은 유난
히 아름다운
가, 시인의 시
에 는 '달' 의
등장이 잦다.
새재는 여러 모습
으로 달과 관계
맺는다. 화자가
밤중 에 개울에 나가
발 담그고 내려다본 물
위에 비친 달을 손으로
건드려보며 부수어지지
않는 달의 신비로움을 나타
낸 시다. 고향의 자연을 사랑하는
화자의 산책길은 애정이 가득하다. 야밤 산책길에서 개울
물을 손으로 쳐보는 행위를 하며 동심에 젖어본다.
'떨어지는 달'이라는 부분은 역동적인 느낌을 주며
밤의 자연이 주재 작으로 화각을 감싸 안는
따 뜻 함 이 느 껴 진 다.

제 3 부

사람 같은

문안 인사

그대가

남겨주는

따스한 울림

잘 주무셨나요.

가교 架橋

기다린

그곳에서

변하고 있다,

나 아닌 너처럼.

고독

메마른
가슴 속에
비가 내린다,
흘린 눈물만큼.

이별 후 세월

임께서
돌아온다,
맹세해놓고
세월은 공회전.

가면

얼굴을

숨긴 채로

살아가다가

벗으면 웃는다.

인과 연

사람과

사람 사이

말할 수 없는

보이지 않는 끈.

재회

꽃되어

돌아오길

하늘 끝에서

빌어 보노매라.

이별

잠들면

떠날 거야,

슬픈 얼굴로

날 찾지 마세요.

사람

사람이
사람에게
받은 감동은
사람다움이다.

투명 인간

아무도
기억할 수
없다 하여도
누군가는 있다.

너

가슴이

답답해도

더한 아픔이

남아있는 초상肖像.

흰 눈

그대의

떨리는 손

내 머릿결을

쓸어내려 주네.

이별 뒤 1

먼 산에

꽃이 피네

가지 말라고

애원하였건만.

이별 뒤 2

앞산에

꽃이 지네

네 그림자가

사라진 즈음에.

기차

평행 길

스쳐 가듯

만났던 그대

허물어진 마음.

못된 만남

선율은

바이올린

찢기는 심장

상처뿐인 찰나.

만남의 징후

정원에

꽃이 피던

따스한 봄날

가녀린 숨소리.

불

어쩌다

생각나면

긴 밤 지새며

가슴 어루만져.

너의 의미

눈물로

넘쳐나는

마음속의 강

마르기를 빈다.

대합실

하나둘

떠나가니

남겨지는 건

널 기다리는 나.

기쁨

촉촉이

젖어 드는

먼 데 그리움,

열차 안 빈 좌석.

변심

다 식은

커피같이

나도 너처럼

버려져야 하나.

첫눈

온다면

반기지만

해마다 다른,

아리송한 연정.

절교

기어이

가고 오지

못한다는 말

돌아서 뱉누나.

눈물

밤새워

적시었소,

그대 떠난 뒤

우두커니 선 채.

첫사랑

우연히

찾아와서

가슴 불타다

재로 남겨진 길.

청도의 달은 유난히 아름다운 가, 시인의 시에는 '달'의 등장이 잦다. 새깨는 여러 모습으로 달과 관계 맺는다. 화자가 밤중에 개울에 나가 발 담그고 내려다본 물 위에 비친 달을 손으로 건드려보며 부수어지지 않는 달의 신비로움을 나타 냅시다. 고향의 자연을 사랑하는 화자의 산책길은 애정이 가득하다. 야밤 산책길에서 개울 물을 손으로 쳐보는 행위를 하며 동심에 젖어든다. '떨어지는 달'이라는 부분은 역동적인 느낌을 주며 밤의 자연이 주체적으로 화자를 감싸 안는 따뜻함이 느껴진다.

제4부 동곡의 달

야밤

개울물

발 담그면

떨어지는 달

손으로 부순다.

달

허공에

맴도는 건

고요한 흔적,

창백한 그림자.

얼굴 달

고운 달

닮은 얼굴

앞서가다가

파묻히는 가슴.

가는 달

날 저문

하늘 끝에

머뭇거리다

속절없이 간다.

새벽빛

찬 서리

맞은 달과

밤새 노닐던

늙은 가지 홍시.

미소

초저녁

구름 뒤에

숨어 지내다

드러난 환한 달.

중독

달 밝은

밤이 와도

너를 그리며

몸서리치는 중.

달밤

으레히

해가 지면

찾아오려나

기다리는 연인.

반달

한쪽이

가려져도

눈 뗄 수 없는

여전한 풍만감.

구애 求愛

이 마음

다 바쳐도

아픈 속이 될

달 따라 가련다.

귀뚜라미

달빛 찬

깊은 구석

여기저기서

밀애 속삭이네.

달 품은 홍시

감잎이

떨어지니

붉은 달 속에

홍시가 보이네.

달빛 이별

창백한

얼굴 보며

속앓이한들

다시 오지 못해.

잔상

눈 덮인

대지 위에

달빛 내리며

발자국 남긴다.

망각

옥토끼

반달 속에

방아 찧을 때

사라지는 시간.

달따라

한걸음

걸어가면

두 걸음 쫓는

저 달을 만나러.

부끄러움

먼 산에

아스라이

구름 저물면

갈길 모르는 달.

야반동행

별빛이

내려와서

머무는 곳에

달빛 따라온다.

별밤

별들은

잠드는데

기다린 잠은

오지 않는 겨울.

별

떠나간

너를 찾아

밤길 따라가

빛이 된 그리움.

밤의 찬가

별 보는

당신 눈은

말이 없어도

사랑 가득하네.

눈빛

가까이

마주하는

너의 눈동자

별빛만 같구나.

초저녁별

사방을

둘러봐도

검정 하늘빛

그 안에 점하나.

밤새

별들이

잠든 밤에

강가의 어둠

구슬피 우는 새.

고혹蠱惑

어딘가

비가 오고

구름에 가린

고혹스런 태양.

석양

허공에

맴돌다가

추락하누나

산 넘어 가는 해.

기다림

뜨락에

내리쬐는

햇살의 눈짓

반가이 맞으리.

노을

해시계

멈춘 세상

붉게 물드는

황혼의 헹가래.

잔혹한 계절

햇살이
쏟아지는
오월 어느 날
아무도 없구나.

관심

태양이

비춰주지

아니하여도

너만을 쫓으리.

절정

찬 서리

가득해도

햇살이 꽂혀

움트려는 새싹.

| 해설 |

고향 달, 소망의 시선詩選

김둘

| 해설 |

고향 달, 소망의 시선詩選

김둘 | 미루나무숲에서문학연구소 대표, 한국민조시인협회 이사

 김병찬 시인은 청도읍성 사람이다. 어릴 적부터 '성내城內'사람으로 자긍심을 가지고 살아왔다. 대구에서 고등학교에 다니면서 고향을 떠났다가 예순을 넘어 다시 고향에 돌아왔다. 그러나, 이번엔 성내가 아니었다. 친척도 지인도 없는 동곡리에 터를 잡게 되었다. 아는 사람 하나 없는 낯선 동곡리에서 먼저 만난 건 사람이 아니라 자연이었다. 동곡천을 만나 물길 따라가며 그 옛날 고향의 그림을 그릴 수 있었고 그 가운데서 오롯이 피어나는 고향의 풍경을 마주하며 감격한다. 동곡천을 거닐던 밤, 물에 달이 비친다. 그는 하늘이 물처럼 흘러갈 때 동곡의 달이 세상 어디에도 없이 아름답다는 사실을 깨닫게 된다. 그는 시를 쓰지 않을 수 없었다. 마음이

동할 때마다 펜을 들어 하나하나 마음을 실어 모은 시들이 『떨어지는 달』이 되었다.

***

　민조시民調詩는 총 18자로 이루어진 단시短詩다. 이렇게 짧은 시를 본 적 있는가? 독자들은 일본의 '하이쿠'를 떠올리며 어쩌면 민조시를 '하이쿠'의 유사시로 인식할 수도 있다. 그러나, 민조시는 시조에서 분파된 엄연한 우리의 정형시다. 일본에 하이쿠가 있다면 한국에는 민조시가 있다. 짧은 시 속에 큰 뜻을 말하며 세계를 화합한다. 하이쿠는 계절을 나타내는 시어 '계어季語'가 들어가고 시의 완성도를 위해 시어를 단절시키는 '키레지切れ字'가 들어간다. 우리 민조시에는 그런 장치가 필요하지 않다. 마음에서 일어나는 흥을 이 짧은 시구 속에 담는 것으로 족하다.

　『떨어지는 달』 속 민조시들은 결 곱게 다듬어간 한글 표현력이 세련되며 내면적으로 향토 의식을 담고 있어 독자들의 고향 서정을 불러일으킬 수 있는 계기를 부여하고 있다. 공간과 시간의 변용, 유년과 노년 세계의 병합, 고독과 허무의 세계, 그런 가운데서도 따뜻한 감동하는 소년 의식, 아름다움에 마음을 싣는 관조, 희망을 놓지 않는 기다림의 정서들이 행간을 흘러가며 독자들의 눈을 잡아끈다.

1부 자연같은, 2부 고향같은, 3부 사람같은, 4부 동곡의 달로 이루어져 있다. 제목을 연결하면 '자연같은 고향같은 사람같은 동곡의 달'이 된다. 고향 땅에서 바라보는 달에 대한 그리움의 정조를 드러내려는 의도를 읽을 수 있다. 모든 것은 달로 향한다. 고향의 달은 그만큼 깊은 여운을 건네준다.

1부는 자연물을 대상으로 시를 쓰면서 자연으로 인해 떠오르는 심상을 진솔하게 표현하고 있다.

> 언 땅에,
> 부질없는
> 빈 마음 꽂아
> 봄을 피우련다.
>
> — 겨울들판

얼어버린 땅을 보며 마음도 같이 얼어버리는 것이 아니라 '빈 마음'을 땅에 꽂아 봄을 피워보겠다는 희망을 품는다. 가령, 현실의 막막함을 '언 땅'이라 가정한다면 그 상황에서 갈 바를 몰라 허둥지둥하거나 절망할 수밖에 없을 때 그래도 그 절망을 어딘가 내려놓고 새로운 세계를 위해 '무엇인가'를 하겠다는 의지를 나타내고 있다. 마치 시인 이육사의 시 '광야'에서 '지금 눈 나리고/ 매화 향기 홀로 아득하니/ 내 여기 가난한 노래의 씨를 뿌려라'와 같은 식의 희망이다.

　　드새던

　　겨울바람

　　계절 잊고서

　　입동 앞에 선다.

　　　　　　　　　　　　　　　　－ 바람

　저자는 겨울바람 앞에서 '입동'을 언급한다. 추운 겨울날은 봄이 그리운 법이다. 그러나, 봄은 반드시 오게 되어 있는 것이다. 이 세상 어떤 존재라도 그 순리를 거스를 수는 없다. 자연은 언제나 올 때

올 것이기 때문이다. 사람은 자연 속에서 희망이라는 꽃을 피우는 존재이다. 시인도 그러한 마음으로 시를 불 지폈을 것이다.

> 몇 그루
> 심어야지
> 텅 빈 가슴이
> 가득할 만큼씩.
> – 베어진 나무 대신

  산책하다가 가끔 만나는 나무들이 있다. 풍성하고 아름다운 그늘에 앉아 하늘을 보거나 바람을 맞을 땐 풍요로운 자연을 몸으로 느낀다. 시인은 어느 날 늘 그 자리에 있던 나무가 베어진 것을 본다. 그들에게 남겨진 텅 빈 쓸쓸함을 목격한다. 한 그루의 나무는 나무가 아니고 하나의 우주였기에 그의 존재가 사라지고 난 뒤의 풍경은 쓸쓸하다. 화자는 이내 이런 생각을 한다. '베어진 나무 대신에 몇 그루 나무를 심어야겠다.' 그리고 곧 풍성해져 그늘을 드리울 나무를 상상했을 것이다. 나무를 심는 사람의 묵묵함같이 시인의 마음이 숭고해지는 순간이다.

늦은 건

아니겠지?

기다린 만큼

포옥 안아줄게.

- 초봄

　겨우내 움츠렸던 몸이 활짝 열리는 순간 온 세상 봄의 향기 그윽하다. 따스함이 공기를 휘감자 드디어 봄이 왔음을 느낀다. 봄은 더디 온 듯하여 기다린 사람에게 미안해하며 기다린 이들에게 더욱 따스하게 안아줄 것을 약속한다. 이 시는 화자가 봄이다. 봄기운이 세상에 떠돌자 모든 생명이 환호한다. 그들의 모양을 보고 은근히 미안해지는 마음, 사랑이란 어쩌면 그런 것 아닐까? 나를 기다린 어떤 누군가를 위해 무언가 더 해주고 싶은 마음. 어쩌면 봄은 우리의 어떤 소중한 사람일지도 모르겠다.

손끝에

끌려오는

나비 날갯짓

한여름 백일홍.

- 하화夏花

드디어 여름이 왔나 보다. 나비도 날고 뜨거운 날 속에서 만나는 백일홍의 마당. 시인의 마당 백일홍의 그림이 그려진다. 봄날은 어찌 그리도 무심하게 빨리도 지나가는가. 하지만 봄이 남기고 간 자락에 여름이 힘차게 자리하더니 세상이 더 불탄다. 새파란 하늘과 그 가운데 더운 입김을 불어 넣은 대지가 숨 막힐 무렵 우리는 눈을 의심하게 된다. 그 뜨거운 여름날 붉게 타오르는 백일홍의 미소는 생의 활력을 불어넣어 준다. 가볍고 율동적인 느낌으로 시작하여 한 떨기 꽃송이를 강렬하게 전하는 그림 같은 시이다.

> 뜰 안에
> 해맑게도
> 한자리 모여
> 마주 웃고 있네.
>
> — 채송화

여름의 한 가운데 뙤약볕 아래 시인의 정원에 핀 소담스러운 채송화. 숨이 턱턱 막히는 여름날, 누구나 물을 그리워할 때 채송화는 생생한 모습으로 저희끼리 서로 얼굴을 마주하고 있다. 그 모습이 하도 예뻐 더운 날 오후에 정원에 나가 채송화를 들여다본다. 너희는 어찌 이리도 대견하게도 잘 살아 웃고 있느냐? 시인의 목덜미에 흘러내리는 땀줄기를 모른 척하고 비밀을 간직한 듯 저희끼리 웃는 채송화를 본다. 맞다, 누구나 삶의 짐은 있다. 그렇다고 삶이 아름답지 않은 건 아니다. 누구나 힘들어하는 여름날, 채송화들은 물관 덕분에 이처럼 행복하게 서로 웃을 수 있는 것이다. 시인은 한 여름 앞마당에서 채송화에게 지혜로움을 배운다.

> 목이 긴
> 쌍둥이는
> 비가 오기를
> 하늘 쳐다보네.
>
>   – 장화

시인의 눈썰미가 예사롭지 않다. 한 귀퉁이에 자리한 장화를 보며 비가 오면 장화를 신으리라 생각한다. 시인의 얼굴에 웃음이 스며든다. 장화 두 짝을 쌍둥이처럼 표현한 발랄함이 정겹다. 화자가 비

를 기다리는 마음을 장화가 기다리는 듯 감정이입을 해 그 간절함이 더하다. 곧 장마가 시작되겠다. 그러면 장화들은 신나게 흙바닥을 철벅철벅 걷겠지. 장화들은 자신의 처지를 눈여겨 보아주는 주인이 고마워서 비 오면 주인의 발을 지켜주리라 결심했을 것이다.

2부는 어릴 때 살았던 고향을 생각하고 어머니와 함께했던 장소를 되짚으며 추억 속에 잠기며 그리운 심상을 서정적으로 표현하고 있다.

> 어릴 적
> 엄마 손에
> 붙잡혀 가던
> 시장은 공부방.
>
> — 청도시장

참으로 오래전 기억에 가물거렸던 청도시장에 들어섰다. 화자가 청도시장 초입에 들어서자 수많은 그림이 머릿속에 떠오른다. 손을 잡아끌고 시장으로 향할 때 아이는 속이 상했다. 친구들과 놀고 있을 때 억지로 끌고 갔던 시장이었다. 하지만 엄마를 따라 들어섰던 청도시장에는 으리으리했다. 눈이 휘둥그레졌고 코가 벌름벌름했고 귀가 쭉쭉 커졌다. 신기한 것이 너무 많았다. 고소한 내음이 시장을 온통 장악하자 뱃속에서 꼬르륵 소리가 났다. 상인들의 목소리는 얼마나 크고 우렁찼던가. 조그만 아이가 시장에서 만난 수많은 풍경과 소리와 냄새는 고스란히 노인이 된 시인의 뇌리에 잠자고 있었다. 나이가 든 후에야 알았다. 사람 사는 곳에서는 언제나 배울 것이 많다는 것을. 이제야 고백하는 한 마디. '시장은 공부방'.

> 실바람
> 불어오는
> 봄개천 아래
> 비단 같은 물결.
>
> – 동곡천에서

어느새 봄은 겨울을 몰아냈다. 시인은 동곡을 흐르는 실개천을 찾는다. 얼마 전에만 해도 살얼음이 개천을 덮고 있었는데 어느새 금물결을 이루며 흘러가고 있다. 조그만 소리를 내며 내려가는 모양이 귀엽기까지 하다. 햇살이 실개천의 물결 위에 내려앉아 탄성이 나온다. 아! 저 비단결 같은 꿈이 내게도 있었지. 시인은 그 옛날 청도 읍내를 지나 외가댁으로 가던 그 강가를 생각해냈다. 어린아이는 걷고 또 걸어 외가에 가곤 했다. 삼십 리를 걸어가는 어린아이의 눈에 비친 건 빛나는 햇살, 그 봄날의 빛을 기억했던 아이는 동곡천에서 어린 시절의 자신을 만난다. 사람은 누구나 오래전 자신을 만난다. 우리가 자연을 경외할 수밖에 없는 이유는 자연이 그런 우리 마음을 오래 지켜주기 때문이다. 어린 날 강가에서 놀던 추억 속에 잠긴 채 동곡천을 돌아 나오는 화자의 뒷걸음이 가볍다.

  어디든
  찬밥 신세
  어쩌겠는가
  사는 게 그런걸.

              – 빈곤

삶이 고달프다. 누구든 고달픈 현실 앞에 섰을 때는 탄식을 할 수밖에 없다. 그러면서도 희망을 품고 싶어 한다. 그 옛날 동네 어른들은 밭일하고 아낙네들은 물을 길어 올리며 삶의 고충을 서로 나누곤 했을 것이다. 시인의 현실도 녹록지 않아서 큰 숨 몰아쉴 때가 한두 번이 아닌 모양이다. 그럴 땐 그 옛날 어른들이 그랬던 것처럼 아니, 어머니가 어려운 살림을 꾸리면서 자신도 모르게 내뱉었던 '사는 게 그렇지'라는 푸념 섞인 회한을 자신도 모르게 내뱉는다. 이제 와 돌아보니 그 시절 힘들지 않았던 고향 어른들은 아무도 없었다. 어린아이에게 거인처럼 보여졌던 고향 어른들이 매일 이 말을 되새기며 스스로 위로하거나 서로 위로해 주었던 것을 시인은 이제야 안다. 이보다 더한 위로가 없다는 사실도 알게 된다.

> 향긋한
> 비누 냄새
> 아침을 열면
> 식구들의 외침.
>
> — 기상

생동감 넘치는 아침 풍경이다. 오래전 고향 집에 살던 때를 떠올렸나 보다. 수돗가가 있고 식구들이 하나둘 일어나 세수한다. 식구들이 돌아가며 세숫대야 하나를 함께 사용한다. 먼저 세수한 사람이 만들어낸 비누의 냄새가 향기롭다. 차례차례 일어나고 비누 향기에 이끌려 신선한 아침을 맞는다. 시인의 머릿속에 있는 작은 수돗가의 풍경이 경쾌하게 상상된다.

3부는 청년이 된 시인에게 사랑이 찾아오고 고독과 몸서리치는 외로움이 엄습한다. 결국 사랑만이 그를 살아가게 하리라는 것, 사랑과 이별과 기다림이 끝없이 반복되는 청춘의 고통을 애상적 어조로 표현하고 있다.

>메마른
>가슴 속에
>비가 내린다.
>흘린 눈물만큼.
>
> - 고독

'메마른 가슴'이란 표현은 생명이 뽑혀 나간 황무지를 연상시킨다. 어떤 연유로 가슴 메말랐는지 알 수 없지만, 제목을 통해 어느 정도 그 정황을 유추할 수 있다. 혼자 남게 된 상황이 되었다. 눈물도 원 없이 흘렸다. 누군가와 함께 있었으나 혼자가 되었을까? 자신을 혼자 있게 만든 사람은 누구일까? 구태여 판을 짜 보자면 '연인'이 아니겠는가. 사랑했고 그와 함께했던 나날이 끝났고 혼자 남은 상황을 견디지 못하고 있다. 시인의 젊은 날 사랑은 대개 고독과 기다림으로 점철되고 있다는 것을 읽을 수 있다.

    잠들면
    떠날 거야.
    슬픈 얼굴로
    날 찾지 마세요.

                                      - 이별

화자는 이별을 결심한다. 모든 걸 떨치고 떠나야 할 시점에서 스스로 이별을 택한다. 사랑에 목마른 청춘의 시절이 아니라도 좋다. 이별은 누구에게

나 어렵고 고통스럽다. 혼자 됨을 몸서리치게 괴로워하는 시인이건만 어째서 스스로 이별을 자처하는 것일까? 시적 어조를 보아서는 이 이별은 어쩔 수 없는 운명적 선택으로 보인다. '떠날 거야'는 김소월 시 '진달래꽃'의 시구를 연상케 한다. '죽어도 아니 눈물 흘리오리다'라는 역설적 표현이 더욱 가슴 아프게 하듯 시인의 떠나겠다는 말은 '떠나지 않겠다'라는 뜻으로 해석할 수 있다. 그러나, 어쩔 수 없는 발걸음을 뗀다. 3, 4행 '슬픈 얼굴로 날 찾지 마세요.'라는 시구는 자신이 떠남을 알고 슬픈 얼굴로 자신을 꼭 찾아달라는 말이다. 피치 못할 사연으로, 어쩌면 자신이 짐이 되어 연인에게 고통을 주지 않으려는 사랑의 발로로 이별을 자초하는 것일지도 모른다는 전제가 은밀하게 깔린 시다.

> 그대의
> 떨리는 손
> 내 머릿결을
> 쓸어내려 주네.
>
> — 흰 눈

사랑은 깊어간다. 화자는 자신의 머릿결을 쓸어주었던 어느 한 사람을 생각한다. 그 사람의 떨리는 손이 자신의 머릿결을 타고 내려갈 때 가슴은 얼마나 뛰었을까. 이 시는 여러 상상력의 문을 열어준다. 흰 눈 내리는 날 청년이었을 적 사랑을 회상하는 것일 수도 있고 사랑의 그 떨림을 아련히 느끼며 향수에 젖어있는 상황일 수도 있고 노인이 되었을 때 자기 머리가 하얗게 새어버린 것을 보고 그 옛날 자신의 까만 머릿결을 그토록 사랑스럽게 만져주었던 연인을 회상하는 장면일 수도 있다. 전자와 후자 모두 사랑을 그리워하는 정조를 나타내고 있다. '흰 눈'이라는 제목이 이 사랑의 순결함을 더욱 강조해준다.

> 하나둘
> 떠나가니
> 남겨지는 건
> 널 기다리는 나.
>
> – 대합실

화자의 청년 시절 기다림의 정서가 진하게 배어있다. 대합실은 떠나고 만나는 이들에게 기쁨과 고통의 장소이다. 화자는 언제 올지 모를 '그'를 기다린다. '하나둘 떠나가니'를 통해 시간의 흐름을 알 수 있다. 막차가 떠나갈 때까지 누군가를 기다리는 이의 절절함이 시에 배어 있어 아릿함이 전해진다. 결국 모든 이들이 만나고 헤어지고 막차가 떠나고 홀로 남은 화자는 만날 수 없는 어떤 '그'를 만나지 못함에 대한 먹먹함으로 어찌할 바 모른다. 혹여나 새벽차로 올지도 모른다는 희망을 품은 채 아무도 없는 대합실에 머무는 어느 청년이 보이거든 바로 시인의 과거라는 것을 독자들이여 알아주기를.

4부에서는 고향에 돌아온 화자가 사는 고장의 달을 사랑하며 지나간 모든 옛사랑을 돌이켜보며 달처럼 은은하게 삶을 이어 나가고자 하는 희망을 잔잔하게 풀어나가고 있다.

>
> 개울물
>
> 발 담그면
>
> 떨어지는 달
>
> 손으로 부순다.
>
> — 야밤

청도의 달은 유난히 아름다운가. 시인의 시에는 '달'의 등장이 잦다. 세계는 여러 모습으로 달과 관계 맺는다. 화자가 밤중에 개울에 나가 발 담그고 내려다본 물 위에 비친 달을 손으로 건드려보며 부수어지지 않는 달의 신비로움을 나타낸 시다. 고향의 자연을 사랑하는 화자의 산책길은 애정이 가득하다. 야밤 산책길에서 개울물을 손으로 쳐보는 행위를 하며 동심에 젖어본다. '떨어지는 달'이라는 부분은 역동적인 느낌을 주며 밤의 자연이 주체적으로 화자를 감싸 안는 따뜻함이 느껴진다.

> 고운 달
> 닮은 얼굴
> 앞서가다가
> 파묻히는 가슴.
>
> – 얼굴 달

 고운 달 닮은 얼굴은 누구일까? '파묻히는 가슴'이라는 시어를 통해 화자가 가슴에 파묻혔던 사람, 또는 파묻히고 싶은 사람을 은연중에 드러낸 것이 아닐까. 청년 시절의 아름다운 연인일 수도 있겠지만 그 옛날 청도시장에 손을 끌어 데려가던 그리운 어머니가 그 대상이라면 훨씬 더 깊이 있게 읽힌다. 어머니의 고운 모습, 몸은 이 세상에 계시지 않지만, 그 영혼이 언제나 오른쪽 어깨에 함께 하고 있다고 믿는 시인이기에 어머니에 대한 그리움을 진하게 담았다.

> 찬 서리
> 맞은 달과
> 밤새 노닐던
> 늙은 가지 홍시.
>
> — 새벽빛

 이 시는 회화적이면서 재치 있는 이야기를 담고 있다. 홍시가 달린 가을, 씨 없는 청도감이 얼마나 맛있는지를 모르는 사람은 없을 것이다. 아직 따지 못하고 끝에 달린 그 맛있는 홍시는 어쩌면 새들의 몫일지 모른다. 어느 늦가을 이제 몇 개 남지 않은 홍시를 달고 있는 감나무 사이로 어둠이 짙어졌다. 모두가 잠든 밤 어느새 달이 감나무 사이 사이에 걸려 있다. 그 모습을 본 화자는 홍시가 달과 놀고 있음을 알게 된다. 이 얼마나 아름다운 그림인가. 달이 흔하디흔한 감나무에 걸린 모습을 보고 아름다운 한 편의 시를 쓸 수 있다는 것이 얼마나 대단한 능력인가. 찬 서리의 '달'과 늙은 가지의 '홍시'의 색감이 확연히 느껴지며 게다가 밤의 배경이라니, 하얗고 붉고 검은 어떤 우주를 연상시켜주는 절묘한 시다.

***

김병찬 시인의 시에서는 현학적인 한자어가 배제되어 있다. 대부분 편안한 한글로 씌었으며 시가 하나의 문장처럼 매끄러운 서사 구조를 지니고 있다. 특히, 자연을 유심히 관찰하여 사람의 이야기로 대치시키는 솜씨가 뛰어나고 자연을 경이롭게 바라보는 눈길도 따뜻하다. 때로는 인간의 탐욕을 벗겨내려는 듯 마음을 내려놓으려는 순간들도 만날 수 있다. 자연의 신비로움에 대한 호기심, 세계를 바라보는 미학적 세계관, 재기발랄한 상상력과 유머, 줄곧 사랑의 정서는 변치 않는 마음으로 대변하고 있고 전체적으로는 고향을 사랑하는 마음과 깊은 모정을 드러내고 있다.

시는 모든 이들에게 새로운 이야기를 건네주는 존재이다. 때로는 언어를 그림처럼 보여주기도 하고 음악처럼 들려주기도 한다. 그래서 시는 이 세계를 아우르는 가장 큰 폭의 예술이기도 하다. 그런 측면에서 형식은 그리 중요하지 않다. 어떤 형식이 시의 주제를 전달하기에 적합한가를 고민할 수는 있지만 한 형태의 시만이 위대하다고 말할 수도 없다.

김병찬 시인은 일찍이 율律이 있는 시를 써서 문단에 데뷔했다. 시조시인으로 등단하기 전에 오랫동안 가사를 썼던 귀한 시인이다. 시조 등단한 그해 시조집 『나정의 후일』을 출간한 것도 그만큼 정형시 습작을 많이 했다는 증거가 된다. 2023년 『월간문학』 민조시 부문 신인상을 받으면서 민조시를 향한 애정이 깊어갔음을 시들을 통해 알 수 있다. 1년 동안 200여 편의 시를 습작 후 퇴고를 거듭했기에 시집을 내지 않을 수 없는 정도에 이르렀다. 이에 108편을 골라서 시집을 내게 되었다. 시의 편수를 108편으로 맞춘 이유는 돌아가신 어머니께 108배 올리고자 하는 뜻이 있다고 하니 사모곡思母曲이 이 시집으로 화한 듯하다.

민조시가 탄생한 지 30여 년, 아직 국내에 널리 알려지지 못한 장르이기에 그 보급이 시급하다. 김병찬 시인은 [미루나무숲에서문학극회]의 일원으로써, 민조시활성화사업을 위해 애쓰고 있다. 시인은 '2023, 미루나무숲에서문학교실 민조시편'에서 민조시 강의를 했고 시민들에게 민조시의 매력을 적극적으로 전했다. 2024년에도 대구생활문화센터에서 '미루나무숲에서 문학교실, 민조시2'편을 진행한다. 이번에도 시인은 강사로 활동하며 민조시활성화사업에 함께 하기로 했다. 짧고 아름답고 깊이 있는 민조시를 세상에 보급하는 데 힘을 보태주는 김병찬 시인의 소망을 그의 오른쪽 어깨에 앉아서 아들의 앞날을 동곡의 달처럼 은은히 밝혀주는 그의 어머니께서 막내아들의 간절한 염원을 들어주기를 바라마지 않는다.